AF275596

# RUNRÚN
# DE LETRAS

Mercedes Martínez Montero

COLECCIÓN ITES

RUNRÚN DE LETRAS

© Mercedes Martínez Montero
© de esta edición: Olé Libros, 2024

ISBN: 978-84-10053-41-0
Depósito legal: V-2364-2024
Impreso en España

No se permite la reproducción total o parcial de este libro, ni su incorporación a un sistema informático, ni su transmisión en cualquier forma o por cualquier medio, sea este electrónico, mecánico, por fotocopia, por grabación u otros métodos, sin el permiso previo y por escrito del editor. La infracción de los derechos mencionados puede ser constitutiva de delito contra la propiedad intelectual (Arts. 270 y siguientes del Código Penal). Las solicitudes para la obtención de dicha autorización total o parcial deben dirigirse a CEDRO (Centro Español de Derechos Reprográficos).

KALOSINI, S. L.
Grupo editorial **olélibros**
equipo@olelibros.com
www.olelibros.com

*A Ángel.*

*Mi agradecimiento a Amalia,
por las horas dedicadas a la supervisión de este libro
y los años de amistad. Gracias, Ama.*

*Estos poemas los desencadenaste tú,*
*como se desencadena el viento,*
*sin saber hacia dónde ni por qué.*
*Son dones del azar o del destino [...]*
(ÁNGEL GONZÁLEZ- PEDRO GUERRA),
«ESTOS POEMAS». *LA PALABRA EN EL AIRE*.

## MI HOJA DE PAPEL

Me desperté una mañana
y quise conocer mi herencia.
Cerré los ojos
y apareció mi abuela.
Hablaba al mundo
con un cucharón de plata
y una olla al fuego,
entre niños despeinados
de grandes ojos negros.
Lloraban y reían
mientras, descalzos,
escuchaban
las palabras de sopa
de mi primera y vieja abuela.
Eran las mismas
que desde hacía años
retumbaban en la palma
de mi mano derecha.
Me levanté de un salto
y miré mi mano izquierda.
Como de una fuente
brotaban en manada
todas todas
las letras.
Caían una a una,
muy apretadas,
como si fueran a una fiesta.
Llegando al suelo
rebotaban y, llenas
de jolgorio y alegría,
en mi boca se placían.

Desde entonces,
pequeñas hojas de papel
se llenaron de promesas blancas
que mi noble e indulgente padre
traducía
de sueños a verdades
que duraron una vida.
Que fue la mía,
la de mi nieta,
la de la suya
y la de la bisnieta de la nieta...

No hubo lumbre
que quemase
mi papel en blanco
ni lágrimas derramadas
que borrasen
la herencia de mi primera abuela,
sostenida por las manos
del hombre que la mecía.

# Murmullo

## CERTIFICADO DE DEFUNCIÓN

Conocí a un hombre
que encendía sus cigarrillos
con un viejo candado.
Una pálida llama azul
chisporroteaba
al contacto de la oxidada
y pequeña llave.
Quise saber, pero no pregunté.
Una tarde, entre sueños,
en un viejo café,
al oído me susurró:
«Es el candado de mis recuerdos.
Los quemo uno a uno,
despacio,
saboreándolos.
Y a mi muerte,
sus cenizas al viento
escribirán mi epitafio».

# Viví de alquiler
## (*El nuevo Nuevo Testamento*, película)

Viví de alquiler
ocho horas al día,
cinco días a la semana,
once meses de cada año.
Así me compré una casa,
un coche, y viajé.
Siempre estaba lejos.
O no.
No recuerdo.
Recuerdo ocho horas
de mi vida,
las primeras de alquiler;
estaban llenas de promesas
y sonaban a Brahms,
hasta que empezó a llover
y no paró
durante treinta y cinco años.
Ahora, cada noche,
duermo sobre una manta
encima de hierba seca,
bajo las estrellas.
O eso creo.
Cada noche invento un sueño
y ya no suena a Brahms.
Ahora los estorninos
marcan el ritmo de mi canción.

## Así me hice yo

...y no hubo pluma de ala
que no cayese
ni pluma de ala
que no recogiese.
Y así me hice yo:
de vuelos amanecidos
tras la cosecha de plumas
al final de cada invierno.

# Brújula

Caminé sobre los pasos desperdiciados
de hombres que labraron el camino,
de mujeres que sembraron sus surcos.
Caminé hacia el este
porque provenía del oeste.
Anhelaba encontrar la casa del sol
y encontré un camino
que solo aparecía
tras las holladuras de cada pisada.

El sol, la lluvia
y el tiempo
escribieron sobre mi brújula:
«Solo a donde se va es un camino».

## Amé la guerra

Al fin las batallas
ni ganadas ni perdidas,
tan solo tregua.

Fue hermoso
en mil refriegas
lamer heridas
de otros combatientes,
y que te las lamieran.

Ver al fondo
el final de la guerra
y que la oscuridad
que ahora te ilumina
tan solo sea la sombra
de la paz
que la fuerza de las viejas contiendas
despliega.

Amé la guerra
y sus batallas
y sus revueltas.

No lucharé
en mi última contienda.
Me entregaré
sin armadura
ni resistencia.

## LAS SEÑAS DEL CAMINO

Nací encarnada
en todas las formas posibles:
fui hombre, fui mujer,
fui ser aún sin mutilar
al comienzo de la marea,
que no tardé en descubrir finita.

Debía amar
antes de que las olas
rompiesen en su destino,
fuera de tiempo.

Y amé.
Amé la propia ola
sin darme cuenta,
amé el camino que surcaba
y sus consecuencias.
Amé a hombres
y mujeres, amé
a seres mutilados por el tiempo.

Me bifurqué
hasta que el amor
se encarnó
en mi forma primigenia:
la soñada,
la anhelada,
la que intacta emergió
en nuevas olas, señalándome
un camino insospechado.

# MILAGROS

Tuve la dicha de tener dos vidas:
la de antes y la de después
de los primeros abrazos.
Hubo tantas nuevas vidas
como primeros abrazos.
Y empecé a creer
en la replicación celular,
en la expansión del universo,
en la multiplicación
de los panes y los peces;
en definitiva,
en los milagros.

# CREO

He visto milagros.
No puedo menos que creer
en la existencia de ellos:
el nacimiento de mis hijos,
la supervivencia de las víctimas,
la sanación del humillado,
el perdón del vilipendiado...

He visto milagros,
no puedo menos que creer
en Dios o en el Hombre.

Creo en Dios,
que se creó
cuando aún no había día
para cuando la fe en el hombre
calzase zapatillas de esparto en invierno.
Creo en el Hombre,
que se creó en el sexto día
para cuando la fe en Dios
se ahogase
bajo el infinito dolor de la noche.

# Extrañeza

No fui piel hasta la primera caricia.
No fui orgullo hasta la primera herida.
No fui amante hasta que caricias y orgullo
se diluyeron en el primer mar
enredado a mi cuerpo.

Poseída por una piel
encarnada de salitre,
una extrañeza se apoderó
de mi orgullo y mis heridas,
y un reguero de amor
sembró mi cuerpo.

Para no olvidarlo,
lo bauticé con un silencio
que suena a tu nombre.

## QUISIERA QUE ALGUIEN ME ESPERARA EN ALGÚN LUGAR
### (PELÍCULA)

Al irte
me dejaste heredada
por tu ausencia,
ante todo lo que había por venir.

Fue herencia rebosante de caricias
sobre mi piel;
vuelos entre tus brazos;
amaneceres envueltos de certidumbres
que tatuaron mi cuerpo
con tinta invisible,
indeleble al viento
tornado huracán.

Al irte
me dejaste heredada
por tu ausencia.

## Otorgo testamento

Llegó la hora de escribir mi testamento.

Lego el resto del tiempo,
ese que no he de vivir,
a mis descendientes
a partes iguales,
a condición de mirar atrás
tan solo en extremo caso de necesidad.

Dejo en manos de estos
la libertad de recordar u olvidar.
Las risas, las cosquillas
y las infinitas siestas de sofá
quedan en la habitación de atrás,
junto con los chapuzones y aguadillas
de julio y agosto en el mar.

La nocilla me la llevo,
quiero que empecéis dieta de solemnidad.

Rebuscad en los cajones:
empaqueté los sueños de marzo
y dibujé los de Navidad;
los encontraréis sin número
ni referencia,
colocados al azar.

Os dejo un camino
de acacias y abrojos
que espero vistáis
de pisadas honradas
y llenéis con antojos de brea
que os ayuden a navegar.

Por último os pido:
botad mi nave con besos al aire,
ayudadme a volar.

Posdata: solicito jura ante notario
de expresa renuncia al miedo
antes de la aceptación
de mi última voluntad.

## UNA OLA A SU FINAL

Quiero que cavéis un hoyo profundo,
silencioso, que llegue al mar,
y con un cabo de olor a salitre
depositéis mi cuerpo
envuelto en un sudario blanco,
blanco como la espuma
de una ola en su final.
Y en esta tierra,
que ya no más veréis,
llorad palabras locas,
de esas que si se traban
te ahogan,
de esas que si no suenan
te ciegan,
que con el tiempo
yo las ordenaré.
Y en una noche
de apacible sueño,
en melodioso son
os las devolveré.

Cavad un hoyo
que llegando a la mar
os devuelva ecos de sirena
sobre espuma blanca
de una ola a su final.

# TRAJE DE FARALAES

Que me entierren con un traje de faralaes
y un sombrero cordobés.
Cuando mis amigos quieran llorarme,
que mi familia levante la tapa del revés;
que sean mis piernas,
esas que bailaron
e hicieron música con el aire,
las que se bañen
con las lágrimas
de los que a ritmo de mambo
las siguieron alguna vez.

# Susurro

## OMBLIGO

Ahí:
sereno, serio,
inmutable.
Mitad comienzo,
mitad término.

Vigilante,
dueño y señor.
Cerradura sin llave.

Primera cicatriz sin remisión.

# Primera letra

Sola,
vacía,
plena,
única,
la primera.

Olvidada en el féretro
mortuorio de la eclosión.

Número maldito.

Milagro y misterio.
Mantra y mareta.
Madre y muerte.

# Conciencia

Conciencia:
tiranía de los sueños,
en ocasiones, llave libertaria.

## GAMBITO DE DAMA
## (SERIE)

Os contaré una historia,
no es más que esta
y toda ella es cierta.
La descubrí una noche de invierno
que amaneció siendo verano.

Estas cosas ocurren
cuando en tu cuerpo
descansan unos labios
y el bálsamo que destilan
sosiega tus miedos,
y la luz
ya no tan solo ilumina el día.
Ocurren a veces,
cuando el perdón
llama a tu puerta
e, inequívocamente,
estaba abierta.

Y también ocurre
cuando, por fin, descifras
que la compasión
es caricia para tus heridas
y no hay que temerla.
Y entonces,
esa noche
que amanece día
perdonas los envites,
amas tus heridas

y descubres
que los labios
que se posan en tu cuerpo
estuvieron siempre.

Solo había que abrir la puerta,
acariciarse fuerte,
y el verano amanecería.

# OASIS

Ya sé por qué tenía miedo:
el único lugar que conocía
me llevaba a un tiempo
donde aún no había palabras;
un desierto de alacranes tapizado
que devoraba a sus crías.

Un desierto, que no infierno,
donde no había palabras.
Pero sembrándolas
se convierte en un oasis iluminado
de buganvillas olor a sal.

Un césped de palabras
invade la seca arena
y llueve intrépida audacia
que riega las mañanas y noches
de olor a coraje.

Y ya no tengo miedo.

## EL SONIDO DE LA HUMANIDAD
### (*LA LLEGADA*, PELÍCULA)

Ni un susurro antes del comienzo,
silencio de un oscuro vacío.

Una gran explosión
y la danza entre materia,
espacio y tiempo trascendió
hasta el gran accidente:
el amor.
Traspaso de las dimensiones,
materia sentida
más allá de lo tangible.

Y el ruido
emergió en orden
y concertó música orquestada
en dóciles,
valientes,
temerosas,
justas
o inútiles palabras.

Singularidad desnuda:
la humanidad y su sonido.

## Runrún de letras

No conozco una sola palabra
vieja, desmemoriada,
cargada de suaves
o violentas arrugas.

Me llevan todas ellas
a mi camino de infancia,
con ellas surco el Pacífico
y descubro leyendas
que el olvido enterró
en los pueblos sin letra.

No conozco una sola palabra
amarga. Todas ellas
destierran el tiempo sin voz
y siembran de acento
cada palmo de tierra.

Cada una de ellas
custodia mi historia,
proclama el recuerdo
con exquisito son
y deleitoso trazo.

No conozco palabra hueca,
amanecida o por amanecer.

## A LA MENTIRA

A la mentira.
Al mentiroso.
A los que alzan la palabra
para envenenar
el agua de la fuente.
A ellos,
y a los que se placen
en la escucha
del veneno vertido
gota a gota.
A los que saborean
inmunes las mieles
del veneno y esparcen
sus vahos en alientos
de sonrisas.
A todos,
cómplices y verdugos:
os traigo el antídoto
exhumado de entre
el silencio mudo,
palabra húmeda
envuelta en llanto seco,
que a vosotros os canta
con helados acordes:

«¡Cobardes, cobardes!
¡Malditos miserables!».

# ESCRIBO

El papel todo lo sostiene.
Lo que imaginas,
lo que deseas,
lo que se fue
y amarras sin cabos sueltos,
lo que será
y en consecuencia ocurre,
las faltas de ortografía,
la danza de las palabras
que de clásica pasa a contemporánea,
los olvidos,
los recuerdos,
la reconstrucción de tu casa desde tu infancia...

Entonces escribo.

## HE PERDONADO
### (*ROCKETMAN*, PELÍCULA)

No me encuentro ni en la locura.
He arañado las puertas de todas las almas
de una multitud.
Ni un rayo de su luna ni un rayo de sol
iluminaron mi oscuridad.
Tuve que cerrar la puerta de mi pasado,
no sin antes fumigar
habitación por habitación.

Abrir una nueva casa,
solo, muy solo,
fue triste, muy triste.
Pero al menos
merecía un jardín,
un jardín virgen en el que morir.

Atisbando ya la muerte,
palpando la esencia única
de mi ser,
pude abrazar el último abandono
y empezar a vivir
sembrando de semillas sin germinar
mi virgen jardín.

## Vivo al lado de un cementerio

Vivo al lado de un cementerio
y me gusta pensar
que cada noche
velo los sueños
de los que, dicen,
tienen un descanso eterno.

Han enlucido el muro de piedra,
pero por dentro,
por fuera, entre piedra y piedra,
las lagartijas duermen
al son inquietante
de la quietud que hay tras el muro:
muda, invisible, inaudible...
Yo la veo, la oigo.

Yo acompaño desde mi ventana
el sueño mañanero de las lagartijas
y el de los que, dicen,
tienen un descanso eterno,
mientras duermo.

Ellos, con calma,
con mucha calma,
me escriben palabras
con las colas de las lagartijas
en el musgo que inunda
la piedra del muro sin enlucir.
Y yo las paso a papel con tinta azul
porque aún no sé escribir
con rabo de lagartija.

# Arrullo

# Nombre

Hay personas
que se conjugan en su nombre,
como imagen y espejo;
otras divergen de él,
como la marea baja de la luna.
Unas fluyen con la vida,
como las olas en el mar,
y las otras se rompen a golpes,
como las olas en la orilla.
De unas
nos quedan los arrullos sobre la piel;
de las otras,
el hueco de la pisada.

# DEL TESTIMONIO

Soy madre.
Soy siembra.
Soy la hija
fecunda o estéril
del germen
y origen de la tierra.

Labro surcos.
Cubro cárcavas.
Simiento de palabras
los caminos desbrozados
por los hijos sin memoria
de mi primera abuela.

Soy canción escrita,
testimonio en tinta
de lo que deja huella.

## Pasos de danza

Me gustan los hombres que bailan,
los que dejan sus canas largas
a juego con la bravura de sus años.
Los que van ampliando sus frentes
a cambio de unas manos arrugadas,
los que abrazan a sus mujeres
con la historia de sus años
y bendicen el momento.

Me gustan los hombres que bailan
y en cada paso nos muestran
las rosas aún guardadas
y el camino hacia las raíces
que los hicieron danza.

## CERTIFÍCAME QUE BESO BIEN

Escríbeme un certificado
que diga que beso bien;
lo meteré en una botella
y al mar, con la fuerza del destino,
lo tiraré.
Quien lo encuentre ha de buscarte,
no importa
si en este tiempo
o aquel.
Que al certificador de un buen beso
hay que conocer,
no vaya a ser
que el prodigio
esté nada más que en él.

Pero...
no repitas rúbrica
en un nuevo papel,
que mi botella
escancie fe de origen
en copia única
a quien descorche
mi secreto navegante
por océanos de menta y miel.

# La invitación

Estoy escribiendo
una invitación
a todos los hombres que amé
para que asistan
a un baile de gala
en el que bailaremos por última vez.
Los quiero vestidos
con una guayabera blanca
impecablemente planchada,
en una mañana de frío invierno
al borde de una ría del Atlántico,
al otro lado del mar Caribe.
Los quiero portadores
de una cesta de mangos
maduros, aguacates, naranjas,
plátanos y una fruta que yo no conozca.
Que los pantalones
de impecable lino *flamé*
cubran sus zapatos,
protectores de viejos ecos
de un pasado.
Quiero sus pieles
tostadas por los soles de los años
y las arrugas
marcadas por los recuerdos.
Quiero sus manos
cansadas de acariciar mascotas fieles
y sueños imposibles.
Y también quiero
que cuando me miren
vean todo lo que he anhelado,

vivido, olvidado...,
y con disimulo
lo guarden en los bolsillos
de la guayabera blanca
impecablemente planchada.
Los veo a todos bailando
como cuando con ellos bailaba
y la noche se ennegrecía
hasta un pálido resplandor
que nos cegaba los sueños y
nos desvanecía los recuerdos.
Los quiero a todos juntos
brindando
por última vez,
con una sonrisa blanca
y con un chupito negro,
negro como el licor café.

## MI BANDERA

No reconozco más patria
que tus besos
ni más tierra firme
que tu pecho.

No anhelo otra bandera
que los colores
al roce de mi deseo.

Camino al son
de nuestro himno patrio
orquestado por silencios.

Me hiciste bandera,
canción sin letra,
brújula,
timón en desierto y tierra.
Ya puedo navegar mar adentro:

soy capitán, soy marinero.

# Hijos

Encontré mi nueva morada
arrastrada por tu primer llanto,
que entrelazó nuestras almas
con suave nudo
de salvaje seda e invisible tacto.

Lloré tu llanto,
mecí tu asombro,
ahuyenté tu miedo.

Soñé tus risas,
canté tus sueños.

Viví mi vida,
te di la tuya.

Amé tu cuerpo,
soplé tu alma.

Tracé un camino
que, con valentía,
desdibujaste.

Encontré mi nueva morada
en cada una de tus sonrisas.
Seguí tu senda, de peces
y piedras surcada.

Tengo una deuda
con tu mirada:
me atrapaste fuerte,
tú me hiciste morada.

## Contrato renovado

Fuimos pareja sin visado
ni permiso de convivencia.
Firmamos juntos el primer
contrato con un deseo
de descendencia.
Se alió el destino y nos bendijo
con dos mitades,
cachitos nuevos de dos que fueron uno.

Tapamos grietas,
desbrozamos ríos.

No hubo paradas
ni silbatos de preaviso
en las salidas de cuneta.

Entre silencios,
miradas quietas,
manos tendidas,
desnuda el alma,
nos encontramos
firmando juntos
el renovado contrato
de permanencia.

# Padre

Bendigo tus manos,
ahora de alabastro,
y tu sonrisa,
que previsoramente dibujaste
en el hijo de tu carne.

Bendigo tu cuerpo,
santuario patrio
de una infancia hogar y baluarte.

Bendigo tu sangre,
que a borbotones corre
por el germen de tu herencia.

Bendigo a tus nietos,
criaturas que se forjan
hombres y mujeres
en el recuerdo de tus manos,
ahora de alabastro.

## TE VOY A QUERER SIEMPRE

Te voy a querer siempre
aunque sea mucho tiempo.

En mis brazos te alzaré
entre valles y montañas.
Mi mirada será tu voz,
que a gritos susurrará,
en alabanzas,
las señas de tu camino:
incierto, firme,
seguro, ambiguo...
Tu senda será la mía.

La luz de la mañana
tomó tu nombre.
Y, desde entonces,
iluminó mi rostro
una estela de cometa.

Te voy a querer siempre
aunque sea mucho tiempo.

## PONEN LOS MUERTOS EN LAS PAREDES
## (Un escocés de viaje por España)

Viajé de un país a otro
y lo primero que encontré
fue a sus muertos
empapelando una pared,
de arriba abajo,
de un lado a otro,
como queriendo llegar al cielo
y atar el mar
a la cima de algún lugar.

De donde yo vengo,
mis muertos yacen en la tierra,
envueltos en musgo verde,
coronados por nuestros recuerdos.

En esta nueva ciudad
los muertos
te miran desde su escaño
y tú,
al alzar la vista,
no puedes menos que murmurar:
«Dejadme a pie de tierra,
que los míos se inclinen al orar,
el cielo bien puede esperar».

## BREGADURAS DEL AMOR

Imagina que cada noche de Fin de Año,
la anterior a una bandada
de imaginarias ilusiones,
frente a la crueldad de un espejo
leyeses tu cuerpo
y las bregaduras que en él dejó el amor.

El ombligo: primera cicatriz
que se abomba buscando el infinito
o temeroso se esconde
en busca de la casa que perdió.

Tus pechos: marchitos por la cruel infertilidad
o por la tiranía del atetamiento.

Tus piernas: firmes o doblegadas
por cada escollo del tiempo.

Tu espalda: junco al viento
con tal de no romperse.

Tus pies: cargados de semillas
brotadas o sin brotar, tierra para los sueños.

Y en tus manos, ciertas páginas emborronadas,
otras de letras alineadas
y algunas de quimeras por llegar.

En tus ojos, el mar que veló tus sueños
y el que expulsó tus miedos,
hoy sin memoria
ni restos de alas
de la bandada que surcó
el primer amanecer.

## Playa de patos

Te recuerdo
como vasija de olas
que bañaron mis veranos de infancia.

Al horizonte, serenas,
tres islas ancladas.
Bajo mis pies, zapatos
de la más fina y blanca arena.

Pasan los años y, cada verano,
brindo a mis hijos
heladas aguas, por tres islas
coronadas, bajo un sol
que al final del día
en ellas se baña.

Trae cada ola un recuerdo
que rompe en espuma,
y con su estruendo
acaricia mi piel, surcada de sal.

Por un instante
vuelvo a ser niña.

## REGRESO A MI CASA

Regreso a mi casa
tras una fecunda siembra
cargada de palabras valientes,
ya sin miedo.

Me voy
en un viento de ceniza,
tras un tiempo de firme pugna,
como tronco y rama,
como piedra y agua.

Mecida al viento
como junco cimbreante
y recio;
ya sin miedo.

Ya sin lumbre
en el viejo hogar
que me sostenga.

## 21 GRAMOS

Suele ocurrir;
la levedad sostiene
pesos insospechados:
las nubes, nuestros sueños;
los sueños, nuestro destino;
el destino, nuestra vida.

Y tan solo 21 gramos,
una porción de inmortalidad humana.

*Llueve desesperadamente en tus poemas, como debió llover sobre tu vida. ¿Llueve también por dentro, Rosalía? [...] Experta en aguaceros y en saudades, quiero imaginarte lejos del orballo [...] Hace ya mucho tiempo que no llueve, [...] Fíjate si hace tiempo que hasta el clavo, aquel terrible clavo, se ha oxidado.*

FRANCISCA AGUIRRE

«¿LLUEVE TAMBIÉN POR DENTRO, ROSALÍA?». *Prenda de abrigo*

# ÍNDICE